OBSERVATIONS

D'UN ANCIEN PRÉFET

Sur le projet de Loi

DE

RESPONSABILITÉ DES MINISTRES

Et des Agens secondaires.

8 Janvier 1833.

Parmi la multiplicité des lois présentées cette année aux Chambres, parmi cette émission de dispositions nouvelles dont la discussion doit occuper cette session et suffirait à trois, la loi sur la responsabilité des ministres exige sans doute une attention particulière. Je laisse à d'autres à examiner si cette responsabilité n'existe pas en grande partie par l'institution de ce terrible ministère public qui accuse et juge à la fois, qui prononce sans terme, sans vacance, et aussi sans mesure, la liberté de la presse. Je pourrais aussi demander à la conscience de tous les hommes raisonnables de tous les partis s'il n'y a pas quelques inconvéniens à discuter avec tant de solennité et de détails les *voies et moyens* par lesquels les ministres, c'est-à-dire les premiers dépositaires de l'autorité dans toutes les parties du gouvernement et de l'ordre public, seront pendus ou du moins envoyés aux travaux forcés. Cette manière de procéder ressemble un peu à un homme d'affaires à qui un prince, un souverain, confierait une opération décisive, mais à qui il dirait préalablement : Prenez garde, je vous préviens que si vous manquez à ma confiance, non-seulement je vous ferai mettre à la porte, mais je vous ferai infliger tel ou tel châtiment. J'ose penser que parmi les avocats qui remplissent aujourd'hui de si hautes fonctions, et particulièrement parmi ceux qui ont été appelés à la Chambre, pas un seul n'accepterait une mission à laquelle on joindrait de telles déclarations ; tous diraient qu'on sait bien que l'on est responsable, que l'on doit l'être ; mais que cet avertissement si détaillé a quelque chose d'offensant, et que ceux à qui l'on croit le devoir ne méritent pas de mission, et n'en acceptent point à ce prix. Voilà certainement ce que répondrait la juste susceptibilité de tout membre de cet honorable barreau français ; et s'il en était quelqu'un de plus calme et de plus patient, il représenterait que cette marque d'inconfiance, cette présomption de mauvaise conduite, diminue d'autant la force et les moyens qui lui sont indispensables pour faire le bien qu'on attend de lui, et remplir avec succès les devoirs qu'on en exige.

Mais en laissant de côté la partie la plus importante, en apparence au moins, de ce projet de loi, la responsabilité des ministres, je me borne à appeler ici l'attention sur la deuxième partie de cette loi, sur la mise en jugement des agens du gouvernement, c'est-à-dire des agens des ministres. Les ministres au moins, quoique souvent attaqués sans doute, se défendent d'une accusation sérieuse, d'une mise en cause, par l'importance même de leurs fonctions, par l'évidence de la raison publique, par toutes les ressources et tous les efforts du gouvernement dont ils font partie intégrante. Mais les agens des ministres, et particulièrement les administrateurs (préfets, sous-préfets et maires), dans leurs innombrables localités, peuvent, doivent même être exposés à des attaques continuelles et multipliées, qui ne tendent à rien moins qu'à désorganiser le gouvernement dont ils sont les bras, et en quelque sorte l'expression. Ainsi, ce second titre de la loi proposée, qui en apparence est le moins essentiel, est au fond celui qui l'est le plus, et présente le plus de dangers et d'inconvéniens.

Cependant, parmi ce que tant de journaux ont déjà dit pour, contre, et sur cette loi de responsabilité, pas un n'a dit encore un mot ni présenté une réflexion sur le deuxième titre, *la responsabilité des agens secondaires*. C'est que si, j'ose le dire, parmi tant d'hommes éclairés, d'esprits ingénieux, qui dans nos journaux écrivent aujourd'hui sur la politique et la dirigent quelquefois, il y en a très-peu qui aient vu jouer de près les rouages de l'administration. Le monde est plein de gens qui diraient et disent com-

ment les ministres doivent agir pour les grandes mesures de l'intérieur et de l'extérieur, mais qui seraient bien embarrassés pour ex-
pliquer les rapports d'un maire avec un sous-préfet et surtout
avec un procureur du roi. Il est donc utile d'appeler l'attention sur
des innovations, dont ceux même qui les proposent n'ont peut-
être pas calculé tous les résultats.

Jusqu'aux événemens de 1830, on peut se rappeler avec quelle
morgue les moindres journalistes de l'opposition d'alors répriman-
daient le gouvernement sur son incapacité en administration; ces
sages, au cas que leur système prospérât, promettaient toutes les
améliorations possibles; tout devait être vrai, parfait, admirable.
Leur système a prospéré; tout le monde peut apprécier en France
la partie d'âge d'or qui nous est déjà échue; mais il est curieux et
presque plaisant d'observer, à l'occasion de cette loi de responsabilité, à quel point les habiles d'aujourd'hui s'efforcent de substi-
tuer à ce qui était bien et évidemment raisonnable, ce qui est in-
sensé et sous bien des rapports impraticable, et comment les hommes
qui vantent le plus les institutions de la révolution de 1789, font
un effort *contre-révolutionnaire* pour détruire le bien le plus réel
qu'elle ait produit.

Ce bien fut la création enfin complète de l'*administration* pro-
prement dite, et surtout sa séparation plus complète encore de
l'autorité judiciaire. La confusion qui, jusqu'en 1789, avait existé
trop souvent entre les deux autorités administrative et judiciaire,
les désordres nombreux qui en étaient résultés, obligèrent à cette
séparation, qui dès lors fut très-utile, mais qui, bientôt détruite
par les fureurs révolutionnaires, fut rétablie et améliorée par Bonaparte, cet homme qui a vu si juste toutes les fois qu'il a regardé
de sang-froid. Par lui, et sous son gouvernement, l'autorité judiciaire, absolument indépendante de l'administration, ressortit d'un
tribunal de cassation; et l'administration, également indépendante
de l'autorité judiciaire, ressortit du conseil d'État, autre cour
de cassation administrative. Ainsi, en administration aussi, il n'y
avait pas d'affaire dont on ne pût appeler à un tribunal supérieur,
et celui-ci était présidé par le prince lui-même. Si l'on dit que ces
juges étaient amovibles, je dirai qu'en administration du moins,
personne n'a établi en principe qu'il ne pouvait pas faire son devoir
à moins d'être inamovible. Ce n'est pas le cas ici d'examiner s'il est

raisonnable, possible, de rendre inamovible un conseil d'État chargé de juger des mesures de l'administration, qui au fond ne sont pas autre chose que le gouvernement lui-même. Qu'on fasse à cet égard toutes les folies que l'on voudra, mais il est impossible de ne pas voir, sans un sentiment de pitié et de surprise, cette disposition où l'on est de détruire la meilleure institution de 1789 et de Bonaparte, et de subordonner décidément l'autorité administrative, c'est-à-dire le gouvernement, a l'autorité judiciaire inamovible; et cela quand tant d'exemples ont prouvé combien cette autorité judiciaire, égarée même par les meilleures intentions, peut être redoutable et funeste au gouvernement.

D'abord, comment une loi si désorganisatrice est-elle présentée par le gouvernement lui-même?

Et ensuite, comment cette loi qui détruit l'administration, qui du moins altère misérablement le peu de considération qui lui reste, est-elle présentée par le garde-des-sceaux, chef suprême de l'autorité judiciaire? Certes, ni le ministre de l'intérieur ni celui de la police, quels que soient aujourd'hui les noms de ces ministères, n'auraient pas présenté une telle loi, et surtout ne l'auraient pas présentée ainsi; il est inconcevable qu'ils ne s'y soient pas opposés.

Il faut dire à ceux qui l'ignorent ou l'oublient que de temps immémorial il existe une opposition, une lutte toujours secrète et quelquefois patente, entre l'autorité administrative et l'autorité judiciaire. Bonaparte l'avait terminée, et l'ordre existait en France, l'ordre, qui est au moins la moitié du bonheur et de la liberté. Depuis Bonaparte, le même principe fut continué, mais peu à peu il se modifia; l'administration, expression du gouvernement, ne cessa d'être attaquée dans ses attributions, dans ses droits. Au contraire l'autorité judiciaire, en haine de l'administration, fut préconisée et confirmée dans tous les siens. Dès lors, de plusieurs manières elle empiéta sur l'administration. Le but secret était d'affaiblir le gouvernement, et on sait comme l'on y réussit; on l'a même avoué depuis. Toutefois on n'avait pu passer certaines bornes, grâce à cette loi des conflits, loi si attaquée parce qu'elle empêchait le mal qu'on voulait faire, et grâce aussi à la disposition par laquelle les fonctionnaires administratifs ne pouvaient être mis en jugement sans une autorisation du Conseil d'État. Les généraux ne pouvaient pas l'être davantage, et quand on voudra bien y réfléchir, on sentira que sous tous les gouvernemens possibles, pour que les fonctionnaires puissent faire le bien que l'on attend et même que l'on exige d'eux, il faut qu'ils soient forts, et que, dépendant toujours du gouvernement qui peut les désavouer ou les punir, ils ne dépendent pas des prétentions judiciaires et des chicanes de leurs administrés.

Quoi qu'il en soit, l'indépendance administrative fut encore assez bien conservée jusqu'au moment de triste mémoire où M. de Martignac, avec les intentions les plus honorables, crut devoir proposer l'intervention des tiers en fait d'élection, et transférer aux cours royales le jugement de toutes les causes électorales attribuées jusqu'alors au Conseil d'État, sauf les causes d'état civil. Cette loi, que n'eût jamais proposée un ministre qui eût été un mois préfet ou maire et n'eût pas été procureur général et avocat, fut le coup de grâce de l'administration, et, comme on sait, du gouvernement d'alors. Par cette loi, qui du plus haut degré de l'administration dans les départemens faisait des tribunaux de première instance des cours royales, toute la dignité, toute la force de l'administration fut à peu près détruite. Qu'était-ce désormais pour exécuter les ordres du gouvernement, que des préfets à qui les cours *enjoignaient* de mettre un tel sur leur liste, d'en rayer tel autre! et l'on n'avait pas pris garde qu'en livrant les préfets aux cours royales, on les livrait aussi aux avocats; et grâce à la violence et au scandale des débats publics les préfets, même en gagnant leurs procès, les perdirent presque partout en pouvoir et en influence. Il y a eu peu d'ames plus nobles que M. de Martignac, et il l'a souvent prouvé, et surtout par le dernier acte de sa vie; mais il est impossible de ne pas signaler une erreur si complète, et si fatale à l'autorité du roi qu'il voulait défendre.

Eh bien! ce que M. de Martignac a fait sur un seul point, voilà qu'on veut aujourd'hui le faire sur tous ; et c'est le gouvernement qui propose lui-même une mesure qui portera le découragement dans tous ses agens civils et militaires, et par laquelle il ne sera plus, si l'on ose le dire, *qu'une main sans doigts*. Non, Charles X si attaqué n'aurait jamais accepté une telle mesure, jamais du moins il ne l'eût proposée.

Pour en juger, il suffit d'examiner les principales dispositions des articles du titre II de cette loi proposée.

Titre II. 44. « Les agens du gouvernement peuvent sans auto-

» risation être poursuivis devant les tribunaux pour crimes et délits
» commis dans l'exercice de leurs fonctions , sauf les justifications
» ci-après.»

Le rapport qui précède ce projet de loi convient que cette autorisation (jusqu'alors nécessaire dans tous les cas) était une barrière utile; mais il ajoute qu'elle a eu trop d'inconvéniens. Dites plutôt qu'elle a excité trop de plaintes et de calomnies de la part des turbulens qu'elle gênait; que devant cette demande d'autorisation ont expiré une foule de plaintes absurdes; que là où il y avait lieu à autorisation , elle a été accordée, et que cette demande d'autorisation a été souvent utile en ce qu'elle a donné le temps de réprimander, de déplacer même le fonctionnaire coupable, ou de lui faire réparer l'injustice qu'il avait commise, ce qui a fait retirer une plainte inutile, et épargné un scandale toujours fâcheux pour l'ordre public. A présent que Charles X est à Prague, il n'y a plus aucun inconvénient à convenir que, sous son règne et sous celui de Louis XVIII, le Conseil d'État n'a jamais cherché à protéger l'impunité des fonctionnaires; et même il craignait tellement d'en être accusé qu'on peut dire et qu'on pourrait prouver qu'il mettait une sévérité quelquefois excessive, mais toujours honorable, à casser les arrêtés des préfets et tout ce qui lui paraissait présenter la moindre teinte d'illégalité et d'injustice.

42. « Lorsqu'un préfet ou sous-préfet sera inculpé d'un crime
» ou délit commis dans l'exercice de ses fonctions, le procureur
» général près la Cour royale requerra la désignation d'un mem-
» bre de la chambre de ladite cour pour procéder à l'instruction
» de l'affaire , etc., etc.»

Lorsqu'un préfet ou sous-préfet sera inculpé, etc., etc. Inculpé, par qui? Faudra-t-il une plainte spéciale? Acceptera-t-on celle des premiers venus, ou de l'homme le plus décrié? Suffira-t-elle pour forcer le procureur général à requérir la désignation d'un juge instructeur? Et aussi le procureur général ne pourra-t-il pas, ne voudra-t-il pas quelquefois informer d'*office*, ou faire informer par le procureur du roi dans les départemens très-nombreux où il n'y a pas de chef-lieu de cour royale? Qui ne voit que par une telle disposition les préfets et sous-préfets, qui pour être quelque chose doivent être indépendans de l'autorité judiciaire indépendante, sont constitués envers elle en état de véritable vasselage, et que, si cette loi passe, il n'y a pas de préfet et de sous-préfet qui ne doive, en homme prudent, saluer profondément du plus loin qu'il l'apercevra, non-seulement M. le procureur général, mais tout juge de la Cour royale, et même, pour plus de précautions, tout membre de l'ordre judiciaire, puisque le magistrat instructeur *commettra un juge* pour recevoir les dépositions? Il n'est pas dit positivement que ce ne sera pas un juge de paix.

L'article dit bien que *le magistrat instructeur ne pourra donner contre le fonctionnaire inculpé aucun mandat, ni le citer devant lui à quelque titre que ce soit.* Mais l'administrateur qui saura qu'on informe contre lui, dans quelle position sera-t-il? ne pourra-t-il, ne voudra-t-il pas demander communication des accusations pour y répondre? Et alors quel rôle pénible jouera-t-il devant un magistrat souvent fort inférieur à lui! Si au contraire il se tait, il sera donc en proie sans défense aux inculpations les plus folles, aux calomnies les plus honteuses! Il est clair qu'en rédigeant cet article on a pensé à la position du juge et nullement à celle de l'administrateur. Il n'est pas question de la vanité personnelle de celui-ci, mais de la considération dont il a besoin pour faire du bien, et il suffit d'avoir vu un moment l'administration dans les départemens, c'est-à-dire dans toute la France, excepté Paris, pour être convaincu qu'il n'y a pas de considération possible pour un administrateur que l'on pourra traiter ainsi.

43. « Lorsque l'instruction aura été faite, la cour déclarera s'il » y a lieu ou non à poursuivre, etc. »

Si la cour déclare qu'il n'y a pas lieu à suivre, il n'en sera donc rien de plus, et l'accusateur, le calomniateur même, ne sera pas sujet à une amende, à une réprimande seulement; en vérité c'est faire par trop beau jeu aux calomniateurs de l'administration, et il sera trop commode de l'accuser, de l'inquiéter, de la détourner de ses devoirs envers le gouvernement.

S'il y a lieu de continuer l'instruction, on enverra, dit-on, *copie de la plainte,* etc., *au ministre auquel ressortira l'acte qui aura donné lieu à l'inculpation.....* On oublie que beaucoup d'actes administratifs ressortissent de deux ministres, les affaires de la levée, par exemple, qui ressortissent souvent des ministres de la guerre et celui de l'intérieur, lesquels ne sont pas même toujours d'accord sur ces questions. Il pourra en être de même pour plus d'une affaire entre le ministre des travaux publics et celui de l'intérieur. Ainsi, dans la même affaire, l'un de ces ministres approuvera le fonctionnaire, et l'autre l'abandonnera. Et puis le procureur général pourra se tromper sur ces doubles relations, ne s'adresser qu'à un ministre au lieu de s'adresser à deux, et il en résultera des erreurs, des plaintes, des difficultés de toute espèce. Cela n'arriverait point si c'était le Conseil d'État qui eût comme autrefois à examiner ces questions. Impartial entre les ministres, il déciderait avec sa jurisprudence déjà formée sur tant de points, et il mettrait l'administrateur hors de cause, le ferait mettre, s'il y avait lieu, hors de place, et, s'il y avait, lieu aussi, le livrerait aux tribunaux. Ceci me ramène à l'*autorisation préalable*. Mais est-ce ma faute à moi si cette autorisation préalable se présente dès qu'on veut parler ordre et bon sens en administration !

On veut que le ministre compétent (supposé qu'il n'y en ait qu'un) *déclare dans le délai d'un mois s'il approuve ou n'approuve pas l'acte incriminé. Dans le premier cas il devient personnellement responsable et est traduit, etc. Dans le second, il sera passé outre aux poursuites et, s'il y a lieu, à la délivrance des mandats;* c'est-à-dire que le préfet ou sous-préfet pourra être mis en prison, dans la prison dont il a l'administration, et gardé par le geôlier qu'il a nommé!!

Faut-il dire aux hommes qui n'ont jamais quitté Paris le ridicule, l'énormité du scandale d'un préfet en prison dans son département! Qu'est-ce qui lui obéira quand il en sortira ! Ne vaut-il pas mieux mille fois qu'il cesse d'être préfet avant d'être mis en prison! Et si l'on dit que le ministre en le blâmant peut le destituer, je demande ce que fera ensuite le ministre si le préfet est en définitive absous de l'accusation pour laquelle il a été mis en prison, pour laquelle il a été destitué? On voit que, dans la nouvelle marche qu'on veut introduire, on touche de tous côtés à l'absurde; on va le voir encore mieux :

Si, au contraire, *le ministre compétent déclare qu'il approuve l'acte incriminé,* alors, dit le projet de loi, *il en devient personnellement responsable, et est, avec le subordonné qu'il défend, traduit devant la Chambre des pairs, si une résolution d'accusation est prise à la Chambre des députés.*

D'abord, même dans la cause la plus juste, ne se trouvera-t-il pas plus d'un ministre qui aimera mieux, par une réponse évasive, li-

(9)

vrer son subordonné à la décision des tribunaux que de se déclarer *personnellement responsable* et de s'exposer à la Chambre des députés et à la Chambre des pairs? Cette forme menaçante n'est-elle pas faite pour décourager les ministres de soutenir leur subordonnés, et pour décourager ceux-ci de leur devoir par la crainte de n'être pas soutenus? N'y a-t-il pas des occasions périlleuses où un administrateur digne de ce nom doit faire plus que son devoir, et est-il de l'intérêt des législateurs de détruire ces élans et ce dévouement par la crainte de la correction? Et puisqu'on tient tant à la responsabilité, avant le procès devant les tribunaux n'y a-t-il pas la responsabilité de la honte, de la révocation, de la destitution? Quoi! même sans approuver un fonctionnaire, un ministre ne peut-il rien excuser dans telle circonstance impérieuse? Quoi! le gouvernement ne peut-il amortir, éteindre, dissimuler aucune affaire, aucun scandale? et n'est-ce pas précisément une certaine marge laissée au gouvernement qui dans bien des occasions lui permet de diminuer beaucoup le mal, ce qui est faire beaucoup de bien?

Oui, sans doute, il faut qu'un gouvernement puisse excuser les erreurs, quand elles ne sont pas trop fortes. Après tout, la judicature ne se trompe-t-elle jamais? elle est inamovible, mais non pas infaillible : pourquoi l'administration ne se tromperait-elle pas aussi? Eh bien! tandis qu'un chef, un ministre réprimanderait, punirait en secret, épargnerait une famille, exigerait une démission, l'inflexibilité judiciaire une fois saisie, et le procès de l'administration une fois engagé, que d'inconvéniens, que de scandales, ne fût-ce que dans les débats!

On n'a pas pris garde non plus que cette déclaration approbative du ministre ne peut être nécessaire quand le préfet ou sous-préfet montrerait un ordre exprès de ce ministre.

Le résultat d'une telle loi sera de mettre les ministres en défiance de leurs agens, les agens en défiance de leurs ministres, et d'affaiblir d'autant la force du gouvernement; mais ce qui détruira le plus cette force, c'est la mise de tous les agens du gouvernement sous la main de l'autorité judiciaire, sans aucune protection vraiment spéciale pour ces agens, qui par leurs fonctions mêmes sont exposés à mille ennemis et à mille procès, tandis que le particulier le plus processif n'en a que sept ou huit, et n'en a plus le jour où il le veut bien.

Quoi! un préfet a des rapports avec 500, ou 400,000 administrés, il fait, si je l'ose dire, la *chouette* à toutes les mauvaises têtes, à tous les sots, à tous les fous, à tous les turbulens de son département, et on le livre à toutes les accusations, à toutes les informations judiciaires! Les procureurs du roi pourront, devront même, sur une plainte d'un seul de ses ennemis, instruire contre le préfet ou sous-préfet du roi, et déconsidérer, désorganiser même l'administration!

Si une telle loi passe, aucun gouvernement en Europe n'aura rien offert de si extravagant et de si incroyable.

Mais ce n'était pas assez; et la loi présentée par M. le garde-des-sceaux porte que les règles prises pour la poursuite des préfets et sous-préfets seront observées *à l'égard des maires*. Il y a 44,000 maires en France, magistrats gratuits qui portent le poids de la chaleur et du jour, qui agissent sans cesse et directement sur leurs administrés, et sont souvent obligés de les contrarier; et vous voulez que ces fonctionnaires gratuits consentent à accepter, à garder des fonctions devenues si onéreuses, si dangereuses même! Avec une telle disposition, ou vous n'aurez plus de maires, ou après avoir perdu tous les meilleurs, ceux que vous aurez ne rempliront de leurs fonctions que celles qui ne leur procureront ni accusation ni procès. Précisément, dans toutes les occasions délicates et difficiles, les maires s'annuleront; peut-être la même prudence neutralisera beaucoup de préfets et de sous-préfets; et, s'il ne résulte pas des secousses de cet état de choses, il en résultera dans l'administration une atonie générale, pendant laquelle la machine ira, mais mal, et jusqu'à ce qu'elle n'aille plus du tout.

On pourrait croire que l'opposition à la mesure présentée vient d'un attachement trop grand à l'ordre administratif; mais heureusement que dans la même loi, dans le même article, il est dit que les mêmes dispositions déclarées applicables aux maires, le seront aussi *aux commandans de la force publique, lorsqu'ils seront inculpés à raison des faits résultans de l'emploi de la force armée.*

Par ces deux lignes, voilà toute l'autorité militaire dans l'intérieur, comme l'autorité administrative, mise à la disposition de l'autorité judiciaire et de tous les accusateurs qui voudront désorganiser le gouvernement. S'il y a une foule d'affaires, de difficultés administratives, que l'autorité judiciaire ne peut bien juger, il n'est pas moins évident qu'il y a *dans les faits résultans de l'emploi de la force armée,* un vague, une incertitude inévitables qui échappent souvent aux habitudes de l'autorité judiciaire, justement accoutumée à ne juger que sur des textes précis. Cette autorité, qui n'agit guère que dans un fauteuil, condamnera telle opération, telle mesure d'urgence, qui aura sauvé un pays, et mettra en jugement par le même arrêt le préfet et le général, à moins que les ministres de l'intérieur et de la guerre ne consentent à y être. Les rédacteurs d'une telle loi en projet ont senti sans doute l'immense pouvoir qu'ils donnaient par elle aux tribunaux, mais ils n'ont certainement pas considéré à quel point ils allaient décourager, détruire l'autorité civile et l'autorité militaire, barrières et garanties de la société, et qui seules empêchent une émeute et une révolution, tandis que l'autorité judiciaire ne peut tout au plus que la punir quand elle est vaincue, et *si elle est vaincue.*

Prenez garde que ce mot de commandant de la force armée s'étend depuis le caporal d'un poste isolé jusqu'au lieutenant-général commandant la division militaire.

Remarquez aussi, et surtout, que la même disposition donnerait aux commandans de la force armée des prétextes pour se refuser dans un cas décisif, aux réquisitions de l'autorité administrative.

Qui ne sait que, même dans l'état actuel, quand l'autorité civile est obligée de requérir la force militaire, cette réquisition, le mode de son exécution, donnent presque toujours lieu à des difficultés! Que sera-ce quand un commandant de la force armée, qui précédemment agissait avec confiance après une réquisition légale, pourra, même devant une sédition, dire au préfet, au sous-préfet, au maire : Cela vous plaît de me requérir, mais moi aussi *je suis personnellement responsable à raison des faits résultans de l'emploi de la force armée,* et je refuse d'obtempérer à votre réquisition. C'est alors et par là que les momens les plus décisifs seront manqués, les circonstances les plus graves aggravées encore, et que l'on pourra plus que jamais répéter le mot célèbre : *Quel gâchis!*

Il faut prévenir les hommes qui ne connaissent pas l'administration que cette seule disposition, qui a sans doute paru si simple, rendra souvent impossible l'emploi de la force armée dans l'intérieur, et cela précisément dans les momens les plus difficiles : il est impossible de désorganiser un pays et un gouvernement en moins de lignes.

Remarquez enfin que si les ministres défendent les préfets et les généraux, la Chambre des députés aura par session beaucoup d'occasions d'envoyer les ministres devant la Chambre des pairs; que si elle rejette ces accusations, elle avilira les tribunaux, chose fâcheuse; que si elle les accepte, il n'y a pas de raison pour que, dans une session, la Chambre des pairs n'ait quinze ou trente occasions pour examiner, discuter, décider si elle condamnera un ou deux ministres du roi.

Sans doute, pour qu'il y ait un gouvernement existant et possible, il faut que de tels jugemens soient très-rares et pour les causes les plus graves. Ici, si un maire a encouru, pour un délit criminel, la peine de trois mois de prison, et que le ministre, même en se trompant, veuille le défendre, la question portée à la Chambre des pairs se réduira à savoir si le ministre du roi ira ou n'ira pas avec son maire passer trois mois à Sainte-Pélagie.

Et de telles affaires peuvent venir sans cesse de tous les départemens et de toutes les cours royales!

Je demande si l'on a jamais proposé au nom d'un gouvernement rien de plus extraordinaire, de plus impraticable, de plus anti-gouvernemental, et sous quelque charte, quelque constitution que ce soit?

A ces considérations majeures et, ce me semble, convaincantes, j'en ajouterai quelques-unes sur d'autres articles.

Il est dit, dans le projet, que les tribunaux saisis de l'affaire ne pourront statuer sur la validité ni sur l'interprétation des actes administratifs à l'occasion desquels les poursuites auront lieu, mais seulement sur les faits qualifiés crimes ou délits par les lois pénales. Cela est plus aisé à dire qu'à faire, et l'on sait combien de fois, sans annuler nominativement un arrêté administratif, un tribunal l'a invalidé et détruit en donnant raison à ceux qui avaient méconnu cet arrêté, et tort au fonctionnaire qui l'avait défendu. Quant à l'*interprétation* qu'on défend aux tribunaux, c'est une défense vide de sens; car, pour juger une querelle à l'occasion d'un arrêté, il faut bien entendre cet arrêté; pour l'entendre, il faut bien examiner les diverses manières dont il peut être entendu, pour peu qu'il y en ait plus d'une. Or, c'est précisément là ce qui s'appelle interpréter. Du moment que vous donnez droit à un tribunal de juger un administrateur, soyez sûr que vous lui donnez, malgré vous et même malgré lui, droit, devoir et moyen de juger l'administration.

Dans cet étrange projet de loi, émané d'esprits évidemment ivres de l'autorité judiciaire, on ne perd pas une si bonne occasion de déclarer « que les dispositions des articles 483 et suivans du Code » d'instruction criminelle, relatives au mode de poursuite contre les » officiers de police judiciaire, pour crimes ou délits faits dans l'exer- » cice de leurs fonctions, seront appliquées aux gardes forestiers et » aux employés et préposés des douanes.» C'est bien! détruisez tout, hors l'omnipotence judiciaire, et allez voir dans les caisses publiques le vide que vous y ferez avec vos réglemens hostiles et décourageans envers tous les fonctionnaires. Mais il faut dire ici un mot sur ces pauvres gardes forestiers, les plus exposés de tous, et dont plusieurs sont tués chaque année par les malfaiteurs et par les braconniers; ce n'est pas assez de ce danger, il faut que la loi devienne pour eux encore plus menaçante. En vérité, d'après la manière dont vont les lois, les esprits et les choses, voici bientôt une ère nouvelle où, au lieu qu'autrefois les fonctionnaires disaient aux malfaiteurs : Prenez garde à vous, vous serez pendus; ce seront les malfaiteurs qui le diront aux fonctionnaires.

Après la mise en jugement des agens du gouvernement en matière criminelle, vient, dans une 2e section, leur mise en jugement en matière civile. Cela paraît moins grave; mais avec les facilités et en quelque sorte les encouragemens qu'on donne à l'attaque des fonctionnaires *en dommages et intérêts*, cela peut devenir ruineux dans certains pays et certaines circonstances. Quels sont les préfets, sous-préfets et *maires* qui pourront suffire, même en gagnant leurs causes, au paiement de leurs avocats? Réfléchissez donc encore une fois qu'un seul fonctionnaire administratif a à décider lui seul des intérêts d'une foule d'administrés et de familles. Une décision, le retard d'une décision pourra donner lieu à l'attaquer pour dommages et intérêts, toujours exagérés.

Ne résultât-il de tout cela que tracasseries et découragement pour l'administrateur, ce sera déjà un grand mal, mais il peut en résulter une véritable ruine; et quelle fortune particulière pourra et voudra répondre de tels dommages? Si cette législation était admise, ou vous n'auriez plus que des administrateurs inertes et qui n'oseraient plus

.rcmuer ou agir, de peur de se compromettre avec quelqu'un ou quelque chose, ou, ce qui serait encore pis, d'autres administrateurs
chercheraient tous les moyens possibles pour que les avantages de
leurs places pussent en compenser les risques et les amendes.

A la vérité, pour diminuer le danger des administrateurs à cet
égard, il est dit « que les préfets et sous-préfets ne pourront être
» attaqués devant les tribunaux civils, qu'après que ces actes au-
» ront été annulés par l'autorité administrative compétente, et
» pour violation d'une seule loi. » Cette précaution paraîtrait bonne
et même suffisante; mais malheureusement nous avons tant de lois
et de si contradictoires que tel administrateur qui serait absous par
une loi se trouverait condamné par une autre.

Mais je ne puis trop faire remarquer que les personnes qui
parlent tant de la *responsabilité* de tous les fonctionnaires, excepté de celle des autorités judiciaires, qui n'en n'ont aucune
et du moins peuvent se tromper aussi souverainement qu'elles
veulent, ne prennent pas assez garde que cette responsabilité,
depuis le ministre jusqu'au garde champêtre, existe dans leurs
places *par leurs places mêmes*, puisque apparemment tous ceux
qui les gardent tiennent à les garder. La peine d'être destitué et
chassé avec blâme et honte est déjà assurément une peine bien
grave, et telle que dans bien des occasions elle peut suffire; et souvent, dans certaines places, il n'est pas de l'intérêt de l'ordre public
que des fonctionnaires, déjà punis par là, soient encore traî-
nés devant les juges. Même, quand le jugement ne peut s'éviter,
au moins faudrait-il laisser à l'administration le temps de retirer
de son rang de fonctionnaire celui qui va être mis sur la sellette,
et d'ôter à celui que vont arrêter les gendarmes le droit de les
requérir. Au moment où j'écris, j'apprends que, dans une
petite commune du département de l'Hérault, le maire, pour
violences envers son neveu, a été condamné à quinze jours de
prison. Le maire en prison, cela n'est-il pas ridicule? et ne fallait-
il pas qu'avant tout cet individu eût cessé d'être *monsieur le maire!*

Il résulte de tout ceci que l'autorité administrative et l'autorité
militaire sont violemment ébranlées par ce projet de loi sur la responsabilité des préfets et des généraux; que ce projet de loi, qu'il
soit admis ou non, ne peut soutenir un examen sérieux; qu'il n'est
pas au fond autre chose que la proclamation de l'omnipotence ju-

diciaire sur l'administration et sur l'armée; qu'il amènera des impossibilités et des inconvéniens de toute espèce; que rien n'est plus déraisonnable et plus mauvais que ce qu'on veut mettre à la place de ce qui était très-bien; que, supposé que le Conseil d'État ait quelquefois différé ou évité de répondre à des demandes d'autorisation pour poursuivre des fonctionnaires publics, on peut prendre une mesure législative pour fixer des termes à ces lenteurs; mais qu'il n'y a pas de gouvernement ni actif, ni ferme, ni possible, là où tous les agens de ce gouvernement sont sans cesse menacés, même par les lois, et exposés si facilement à comparaître devant les tribunaux criminels ou civils, pour être détenus ou ruinés, sur l'accusation multipliée et inépuisable de tous les insensés et de tous les turbulens dont, par devoir, ils auront contrarié ou repoussé les prétentions les plus absurdes.

Dernière réflexion plus essentielle peut-être encore que toutes les autres : l'autorité judiciaire et l'administration ne sont pas deux choses identiques. La première, dont personne ne respecte plus que moi les saintes attributions, ne prononce et ne peut prononcer que conformément à une loi écrite. La seconde doit y suppléer dans une foule de circonstances, et est même en partie instituée pour cela. C'est donc un véritable *non-sens* que de vouloir rendre l'administration justiciable de l'autorité judiciaire; ou plutôt c'est vouloir transporter l'administration dans l'autorité judiciaire *inamovible*. C'est une grande erreur. J'ajoute : ce peut être un grave danger.

Je sais positivement qu'une loi si importante n'a pas été soumise à l'examen du Conseil d'État; je doute même qu'elle ait été examinée par les ministres des travaux publics, de l'intérieur et de la guerre, qui vraisemblablement, au milieu de l'intempérance de lois dont on nous accable, n'ont pas eu le temps de voir ce que par celle-ci vont devenir leurs agens. Je ne puis croire non plus qu'il n'y ait dans les Chambres beaucoup d'excellens esprits pour prouver l'irréflexion ou l'esprit d'invasion judiciaire qui a dicté un pareil projet de loi, au détriment du gouvernement qui le propose. Mais, quoi qu'il en arrive, il est bon de protester contre tant de déraison, et il n'est pas mauvais de montrer comme les personnes qui ont tant blâmé et attaqué les actes de la restauration, l'effacent par la prudence de leurs conseils et la sagesse de leurs conceptions.

ÉVERAT, Imprimeur, rue du Cadran, n. 16.